AF717061

Silvia Georg-Schmidt

Bitte lächeln –Ein Buch für alle, denen lächeln schwerfällt

Mein Leben mit dem chronischen Erschöpfungssyndrom (CFS)

Silvia Georg-Schmidt

Bitte lächeln

Ein Buch für alle,
denen lächeln schwerfällt

Mein Leben mit dem chronischen
Erschöpfungssyndrom (CFS)

Rediroma-Verlag

Bibliografische Information der Deutschen Nationalbibliothek:
Die Deutsche Nationalbibliothek verzeichnet diese Publikation in der Deutschen Nationalbibliografie; detaillierte bibliografische Daten sind im Internet über http://portal.dnb.de abrufbar.

ISBN 978-3-96103-934-0

Umschlagillustration:
Stock-Asso (shutterstock.com)

www.rediroma-verlag.de
6,95 Euro (D)

Inhalt

Ich bin aus Versehen hier
(Der Geschichte erster Teil)

Und wieder sitze ich vor meinem Block, um niederzuschreiben, was mir widerfahren ist. 2017 hatte ich mir geschworen, dass das das letzte Mal ist.

Aber wie das Leben so spielt, holt mich die Vergangenheit immer wieder ein. Aber dieses Mal kann ich gar nichts dafür, ich bin nur aus Versehen hier, nämlich weil am 18.02.2020 noch ein Bett frei war, was meine Hausärztin erfuhr. Sie meinte, das wäre für mich, da ich bis über beide Ohren im Schlamassel säße und da raus müsste.

Seitdem zerren ca. 20 Leute an meinen Haaren (die immer weniger werden) und meinen Ohren. Manchmal versagt die Kraft und sie lassen mich wieder hineinrutschen. Ich muss ja zugeben, ich könnte ein bisschen mithelfen, aber wie gesagt, ich bin ja aus Versehen hier. Hätte ich nämlich Kraft in Armen und Beinen, käme ich selbst wieder raus.

Ihr kennt sicher die Geschichte vom Rübchen, das so fest im Boden saß, dass20 Leute eine Kette bilden mussten, um sie rauszuziehen. An mir zog vorn der starke Herr Schönburg und hinten die zierliche Frau Doktor Hassel, 1,60 m groß und 40 kg schwer, aber genau dieses Leichtgewicht würde den Ausschlag geben, denn Frau Doktor Hassel kann den Turbo zünden und mit ihrer netten Art und ihrem Telefon Probleme lösen, noch bevor sie ausgesprochen sind.

Sie bekommt meine gesamte Krankengeschichte in fünf Sätzen in perfektem Deutsch und 1a-Aussprache über die Lippen, um den Herrn Oberarzt in Kenntnis zu setzen. Apropos Oberarzt, oh Schreck, mir bleibt im Bett gleich die Spucke weg. Früher hatten die alle mal Kittel an, um Respekt einzuflößen oder sich von den Patienten zu unterscheiden aber heute, heute mischen sie sich einfach unters Volk.

Ein Tag und eine Nacht
(Der Geschichte zweiter Teil)

Es ist der 28.02.2020, ein Tag wie jeder andere auf Station 6 im Klinikum. Endlich aufstehen, eine lange Nacht ist vorbei. Es schneit, wie schön, laufen fällt aus. Schwester Christin holt die Therabänder raus, an denen der Zahn der Zeit genagt hat, im wahrsten Sinne des Wortes. Eins nach dem anderen reißt entzwei, somit ist das Kreislauftraining schnell vorbei.

Frühstück, danach Mal-Therapie, für mich sehr schwierig, sowohl malen als auch Therapie, denn ihr wisst ja, ich bin aus Versehen hier. Schwester Christin hat sich als Therapeutin sehr gut geschlagen, mir dagegen rauben diese 90 Minuten viel Kraft.

Auf ins Ergotherapie-Zentrum. Das Peddigrohr ist noch nicht da, o.k. Dann Seidenmalerei. Zu Hause hängen schon 38 Seidentücher, also bekommt Uschi das neue Tuch. Uschi ist meine Nachbarin. Wenn die zu Besuch kommt, ist entweder meine ganze Aufmerksamkeit gefragt oder die Ohren werden auf Durchzug gestellt, was meist meine bevorzugte Variante ist. Wenn Uschi einen Satz beendet hat, hat sie meist alle Themen aus Politik und Wirtschaft, die Finanzwelt, wie wichtig der Umweltschutz ist, was es seit dem letzten Besuch bei ihr zu essen gab, dass die Frisur heute wieder nicht sitzt und deshalb die Mütze auflassen muss und die Sauna in Bad Lausick in diesem Jahr an jedem 25. des Monats 25% Rabatt gibt, weil sie 25 wird und wir da hin müssen, abgearbeitet, in Fetzen versteht sich, was das Verständnis noch erschwert. Ich tu dann so, als hätte ich alles verstanden, und zeige mich total interessiert, doch ich bin eigentlich froh, dass ich nicht reden muss. Das ist Uschi, 73, und ein Energiebündel. Auf dem Weg zum Auto fällt ihr dann meist noch ein: „Ach, wie geht's dir eigentlich?"

„Ja‚ja, Uschi, passt schon." Und weg isse.

Das Mittagessen ist da, Puten-Gyros mit Reis. Das Fleisch ist lecker, aber mal ehrlich, habt ihr nicht auch langsam den Eindruck, dass dem Reich um das Jagdschloss Hubertus Burg das Salz ausgegangen sein muss. Es kann nur so sein wie damals im Märchen frei nach den Gebrüdern Grimm, „Die Salzprinzessin". Egal, der Reis kullert in den Mülleimer.

Wieder bin ich müde und kraftlos, nächster Termin in 20 min.

Man muss nicht gerade ein Held sein, um als Sozialarbeiter zu arbeiten, aber man kann Held heißen, um dieses zu tun. Na gut, der Termin war meine Idee, also muss ich da auch durch.

Ich habe mit einer Dauer von 10 Minuten gerechnet, nach 50 Minuten muss ich drängeln, der nächste Kurs beginnt gleich. Eigentlich wollte ich Herrn Held nur sagen, dass ich aus Versehen hier bin, aber irgendwie nimmt mir das keiner ab.

Frau Karge will mit mir und den anderen spazieren gehen. Nee, das geht nun wirklich nicht mehr. Irgendwie wollen die Therapeuten und Sozialarbeiter immer was anderes als ich, und ihr glaubt nicht, wie einem das die Kraft raubt. Ich muss Schwester Christin fragen, ob ich drin bleiben kann, und dann muss mir noch was einfallen, dass sie was macht, wonach mir der Sinn steht. Bingo, ich hab doch eine Geschichte geschrieben, die biete ich ihr an, da muss sie sich nicht den Kopf zerbrechen, was sie mit uns macht.

Es ist mittlerweile 21:00 Uhr und Tabletten-Abholzeit. Noch eine Stunde, und dann beginnt wieder eine schreckliche Nacht. Ich weiß nicht, ob schon jemand von euch den Kampf mit dem Kopfkissen gewonnen hat. Bei mir steht‘s mittlerweile 75 zu 0, wobei 0 auf meiner Habenseite steht. Auch den Kampf mit meiner Blase verliere ich jede Nacht. Es ist 0.40 Uhr, und um mich herum schläft alles, d.h., ich muss mir ne Beschäftigung im Dunkeln suchen. Ich werde schon mal der Geschichte dritter Teil in Gedanken schreiben.

Irgendwann bin ich dann eingeschlafen. Es ist 5.00 Uhr, Lisa ist auch nicht da. Halb sechs kommt sie vom abpumpen und erzählt, die Putzfrau hätte sie gefragt, ob sie schon Kuchen backen war. Wir sind halt in der Psychiatrie.

Die Nacht ist vorbei und damit der Geschichte Teil 2.

Die Neue heißt Müller

(Der Geschichte dritter Teil)

04.03.02020

Meine Stimmung ist am Boden, ich kann mich mit der Neuen überhaupt nicht arrangieren.

Mein extrem feines Radar hat mir gestern schon nach einer Minute signalisiert, mit der kannst du nicht. Es sollte sich heute bewahrheiten. Motzen, meckern, unzufrieden sein, das ist ihre Welt.

Alles Scheiße hier, kein Schwimmbad, keine Muckibude, wo man abends hingehen kann. Einen Bericht schreiben, das kommt überhaupt nicht in Frage. Rumgammeln, das könnte sie auch zu Hause. Zwei Wochen warten auf ein Bett auf der Station 4, die spinnen wohl usw.

Heute Vormittag die erlösende Nachricht, sie haut ab hier. Kathleen und ich: Hände hoch. Jubel, Jubel. Zwei Stunden später doch alles auf Anfang . Sie bleibt hier, ohne Erklärung. Das große Loch ist wieder da, ich bin am Boden zerstört. Ich muss mit Frau Doktor reden, ich komme mit der Dreierkonstellation in diesem Zimmer nicht klar. Wenn hier ständig wechselnde Bettnachbarn kommen, ist es für mich extrem schwierig, mich immer umzustellen und man sollte ja auch mit allen halbwegs klarkommen.

Heute waren wir auf Station 4, angeblich um

einen Vortrag über Depressionen zu hören, was sich dann aber als Gruppentherapie entpuppte. Der nächste Horror an diesem Tag. Gruppentherapie ist für mich seit 2012 ein rotes Tuch, heute war Gott sei Dank nur vorstellen, aber das Ganze soll sieben Wochen gehen.

Das einzige Highlight an diesem Tag ist die Soljanka, gekocht von den Mitpatienten.

05.03.2020

David darf nach Hause, gefreut hat er sich wie ein Schneekönig, ich gönne es ihm. Er hat sicher noch einen langen Weg vor sich.

Der Nachfolger auf seinem Platz muss großen Appetit haben, denn das ist der „Nachschlagplatz“, außerdem sollte er so toll lachen können wie David.

Aufregung auf Station 6, der Wessi ist nicht zum Abendessen erschienen. Der wird doch nicht Corona haben? Quarantäne, Hilfe, alle müssen in den Zimmern bleiben, für immer und ewig. Gerüchte kursieren, man weiß ja, wie das ist.

Entwarnung, der Wessi und sein Mitpatient sind unter Quarantäne, wegen Virusgrippe oder ähnlichem.

06.03.2020

Frau Müller geht heute, Gott sei's getrommelt und gepfiffen. Aber es soll noch schlimmer kommen.

Noch während Frau Müller auf die Abholung wartet, kommt eine völlig runtergekommene Person in unser Zimmer, kein Benehmen, Türen knallen, Koffer fliegen durch die Gegend, sie stänkert uns die Bude voll mit penetrantem Gestank von Billigparfüm.

Kathleen und ich wollen mit der Ärztin sprechen, weil das keine Zustände sind, ständig neue Patienten, mit denen man nicht klar kommt, aber sie hat keine Zeit für uns.

Für uns steht fest, dass wir am Montag nach Hause gehen. Das sind unzumutbare Zustände.

Und wieder fliegt die Tür.

07.03.2020

Es ist 0.00 Uhr, die ungehobelte Neue ist noch nicht in ihrem Bett, Aufregung unter den Nachtschwestern. Von Ferne hört man Sirenen, aber ob die was mit der Patientin zu tun haben, wer weiß. Es ist schon früh am Morgen und das Bett ist noch leer. Die Frühschicht weckt uns und antwortet nicht auf unsere Fragen betreffs der Abgängigen (sorry, aber ich weiß nicht mal ihren Namen). Der Frühstückswagen fährt vor. Alle anstellen, Essen abholen. Da steht sie plötzlich auf dem Flur mit ihren Boxhandschuhen an den Händen und stiert nach unten. Neiiiiiiin, denke ich, das kann nicht wahr sein. Ich halte das nicht mehr aus. Schnell mal frühstücken und dann ab nach Hause in den Wochenendurlaub. Ich muss unbedingt am Montag entlassen werden oder auf eigene Verantwortung gehen. Leider geht das heute nicht, da kein Arzt da ist.

Mein Mann ist da, Abflug.

08.03.2020

Sonntag, wie entspannt kann das Leben sein. Kein Frühsport, keine Schwester, die neben mir steht und schaut, dass ich meine Tabletten nehme, kein Malen, Basteln, Sägen nach Anweisung.

Aber eins muss ich heut noch loswerden. Ich muss mich ans Beschwerdemanagement wenden, damit sich in dieser Klinik was ändert. Ein Zweibettzimmer über Wochen mit drei psychisch Kranken zu belegen, wobei die Dritte weder Schrank noch Nachtschrank noch Platz im Bad hat, ist für alle Beteiligte eine Zumutung.

Ich kann mich gut ausdrücken und meiner Wut und meinem Missfallen Ausdruck verleihen und die Zustände auf Station 8 schildern.

Obwohl Sonntag ist, bekomme ich umgehend eine Rückmeldung, man würde sich meines Problems annehmen. Das hat man dann wohl getan.

Als ich gegen 18.00 Uhr in die Klinik zurückkomme, ist das dritte Bett mit samt der Patientin und deren Spielzeug, Boxhandschuhen und stinkenden Parfüm entfernt worden. Der Anblick zaubert mir ein Lächeln ins Gesicht. Das Zimmer, wie groß und ordentlich es auf einmal erscheint.

Kathleen kann es nicht glauben, als sie das Zimmer betritt. Ich erzähle ihr, dass ich zu Hause nicht untätig war und sie nun das Ergebnis sehe. Oh, welche Freude.

Nicht auf Gegenliebe mit meiner Beschwerde stieß ich dagegen bei den Schwestern. Dazu muss ich aber erwähnen, dass ich mich im Vorfeld mehrmals bei ihnen beschwert hatte und ich zur Antwort bekam, wir seien das Notzimmer und sie hätten keinen anderen Platz für die Neuankömmlinge und ich solle mich doch an eine höhere Stelle wenden.

09.03.2020

Visite

Die Ärztin betritt das Zimmer. Ich habe mir meine Rede schon zurechtgelegt. Da fragt sie mich: „Wann möchten Sie gehen?“ Aha, sie weiß von meiner Eingabe. Egal, nur weg hier. „Heute“, ist meine Antwort.

„Ich kann Ihre Papiere erst zum Ende der Woche schaffen. Und noch einen Rat, suchen Sie sich draußen einen Psychologen."

Die Tür fällt ins Schloss, noch bevor ich etwas sagen kann, vielleicht so was wie, erstens brauche ich keinen Psychologen und zweitens war ich sowieso drei Wochen zu lange hier. Es war ein Versehen!

Die Reaktion auf die nicht ausgesprochenen Worte kommt sofort im Entlassungsbericht. Frau Georg-Schmidt ist sehr depressiv und es liegen keine Anzeichen von CFS vor.

Kathleen bleibt noch ein paar Tage, sie hat ja nun ein toll ruhiges Zimmer, jedenfalls für die Dauer ihres Aufenthaltes.

Tschau, Kathleen. Bleib stark in dieser verrückten Zeit. Lass dir nichts gefallen und nicht in dein Leben reinquatschen. Nimm Hilfe an, wann immer es nötig ist, und wehre dich gegen Bevormundung und Gängelei. Geh zurück in deinen Beruf und lass dich nicht fertig machen. Denke daran, auch du hast nur ein Leben.

Macht's alle gut auf Station 8, egal, ob ihr berechtigt hier seid oder nicht.

Die von der Chefetage

Wer meine Geschichten kennt, weiß, dass ich seit 2012 zwischen Psychiater, Psychologe, Psychotherapie, Psychotherapeut und psychosomatischer Reha immer hin und her geschickt werde. Mir glaubt ja keiner, dass diese acht Jahre vertane Zeit waren. Jeder neue Arzt glaubt, er könne mich retten oder mir was „Gutes“ tun. Ich bin der Meinung, dass keine Therapie die eingefahrenen Pfade mehr glätten kann. Meine Einstellung dazu und mein zunehmendes Alter machen mich stur. Diese Sturheit lasse ich auch an den Ärzten aus, manchmal. In der ersten Reha war ich noch ganz zahm. Trotzdem hasste ich alle Anwendungen, die nicht mit Sport zu tun hatten, am meisten die Gruppentherapien. Täglich sehnte ich den Feierabend herbei. Dann hieß es, Fahrrad raus und ab nach Bad Bocklet. Manchmal fuhr ich so schnell ich konnte und manchmal so langsam, damit ich den Duft riechen konnte, den die Blumen auf den Wiesen verströmten. Das waren Wiesen wie in der Kindheit, fantastisch. Im Park angekommen, holte ich Decke und Buch heraus und versank in selbiges oder folgte meine Gedanken.

So verging Tag für Tag. Gegen 12.00 Uhr trabten wir wie immer zum Mittagessen. Einige schlürften schon ihre dünne Suppe in sich rein. Beim Essen ging's nach Gewicht. Ich bekam Suppe. Auf einmal wandten sich zwei Drittel der anwesenden Köpfe dem Ausgang zu. Dort stand ne Tusse wie aus dem Bilderbuch. Weiß umrandete Brille, rote halblange Haare, hübsches Gesicht, tolle Klamotten, hochhackige Schuhe und genauso übergewichtig wie ich. Am Tisch begann das Tuscheln. „Ey, das kann nur eine aus der Chefetage sein." Genauso kam sie rüber! Sie und die anderen Damen setzten sich an einen Tisch. Für die gab's natürlich Fleisch. Die Sache war erst mal abgehakt. Ich schnappte mein Fahrrad und verschwand in meinem Versteck.

Am nächsten Morgen, oh Wunder, saß die Dame schon im Speisesaal, einen Tisch entfernt von dem meinigen. Ich wollte mich gerade setzen, da sagte sie: „Guten Morgen, wo kann man denn hier sein Auto parken?"

Mich lauste der Affe, die sprach ja fast wie ich. „Sorry, wo kommen Sie her?"

„Aus Annaberg-Buchholz. Ich bin hier wegen Migräne."

„Aus dem Vogtland", freute ich mich.

„Nein, das ist Erzgebirge", verbesserte sie mich.

Jedenfalls jemand, der meinen Dialekt sprach, egal, ob Vogtland oder Erzgebirge. Keine aus der Chefetage! Kleider machen eben doch Leute. Eine mit Problemen, unfassbar.

„Ich heiße Sabine Lindner, kannst aber du sagen“, stellte sie sich freundlich vor.

„Hey, ich bin Silvi aus dem Vogtland“, lachte ich sie an. „Dein Auto stellst du unweit der Klinik ab. Frag doch mal Frank, der weiß Bescheid. Ich bin ohne hier.“ Ich freute mich wie Bolle. Die Reha kann vielleicht doch noch ganz amüsant werden, dachte ich. Ich hatte noch zwei Wochen vor mir und Sabine muss ja mindestens vier bleiben.

Wir freundeten uns an. Die Chemie zwischen uns passte sofort. An den Wochenenden hatte sie es immer eilig. Sie wollte zu ihrem Mann, der sich auch in einer Rehamaßnahme befand. Wie der Blitz war sie dann unterwegs. Für mich war dann wieder radeln angesagt. War aber ok. Ich wusste ja, dass sie wiederkommt. Sonntagabend stand sie dann wie das blühende Leben wieder auf der Matte und strahlte wie die Sonne.

Die Nachmittage wurden abwechslungsreicher. Wir trafen uns zum Bummeln, Kaffee trinken und Eis essen oder zum Shoppen. Ein Ereignis wird uns beiden wohl ewig in Erinnerung bleiben. Wir schlenderten so durch Bad Kissingen, als Sabine plötzlich den Kopf rumriss, stehen blieb und losschrie. Ich erschreckte mich dermaßen, dass mir mein Eis aus den Händen fiel. Im Nachhinein dachte ich, schade um‘s Eis. Da stand nur ne Pappfigur im Schaufenster. Warum sie den so anhimmelte sollte ich gleich erfahren.

„Gomez, mein Gomez!“, schwärmte sie.

Oh Gott, Fußball mag sie auch noch, waren meine Gedanken. Sie grinste wie ein Honigkuchenpferd. „Schau dir den tollen Typen an. Mein absolutes Fußballidol!“ Oh, wie verzückt sie war. Ich war mir ziemlich sicher, dass sie keine Ahnung von Fußball hatte und nur die Schönheit des Spielers bewunderte. „Ich liebe diese Sahneschnitte, Silvi.“ Ich wusste es doch. Ein Fußfallfan hätte gesagt: „Der ist der beste Fußballer der Welt mit 398 Toren für … was weiß ich.“ Nein, Sabine hatte die unerfüllte Liebe vor sich!

„Komm jetzt, wir müssen zurück, Abendessen. Morgen kommen wir wieder her zum Staunen.“ Ich musste regelrecht an ihrer tollen Lederjacke zerren, bis sie sich in Bewegung setzte.

„Wollen wir morgen nicht Gruppentherapie schwänzen, dann sind wir eher hier“, bettelte sie regelrecht. Das war mal ne gute Idee.

Für die Therapeutin mussten wir beide zum Zahnarzt. Einer sollte den anderen begleiten, so die Vorschrift. Im Dauerlauf setzten wir uns nach dem Mittag in Bewegung. Aber welch eine Enttäuschung. Als wir vor der Drogerie waren, war Gomez weg, ausgetauscht gegen Jennifer Lopez. Die Werbeikonen hatten gewechselt, so wie das Produkt, das sie bewarben. Sabine fiel nicht nur die Kinnlade runter, auch ihr Popo landete auf dem Schaufenstersims. Abgesehen davon vergaß sie ihre gute Erziehung und äußerte die dazu passenden Wörter. Sie beschimpfte Gott und die Welt. Den Parfümhersteller, für den Gomez Werbung machte, die Drogerie, die ihn ausgetauscht hatte, und die Aktienbörse, ob denn die Umsätze für besagte Produkte schon ausreichend gestiegen seien. Ich musste handeln, sonst zog sie noch Herrn Rossmann und Frau Merkel durch den Kakao. Also ging ich in den Laden. Sabine war so mit dem Drama des Verschwindens ihres Lieblings beschäftigt, dass sie nichts merkte.

„Guten Tag, ich bitte um Entschuldigung. Sie haben umdekoriert? Wo ist denn jetzt Herr Gomez hin?“ Meine Frage richtete ich an die erstbeste Verkäuferin.

„Der ist im Lager“, bekam ich zur Antwort.

„Kann ich den vielleicht gegen kleines Geld erwerben? Meine Freundin liebt diese Pappfigur über alles und nun ist er weg.“ Mein Wunsch war nicht so alltäglich wie: „Wo liegen denn die Kondome?“

Trotzdem schaute sie mich lächelnd an und bat mich um etwas Geduld.

Anscheinend hatte Sabine ihre Wut und Trauer etwas in den Griff bekommen, denn sie stand plötzlich hinter mir. „Was machst du hier?“ In ihrer Stimme schwang noch ne Träne mit.

„Geh raus, ich komme", war meine Bitte.

Sie ging natürlich nicht, denn plötzlich kam Gomez aus der Lagertür. Größer als in Wirklichkeit und auch noch in doppelter Ausführung. Sabines Augen traten heraus und der Mund stand so weit offen, dass man darin die zwei Kugeln Eis von gestern, die mir runtergefallen waren, hätte verstecken können. „Bitte, Sie dürfen ihn mitnehmen, wir brauchen ihn nicht mehr." Was für eine nette Verkäuferin. Die 10 Euro für die Kaffeekasse taten mir gar nicht leid. Jetzt war's selbst im Erzgebirge angekommen. Sabine hatte zumindest eine Ahnung dessen, was gerade passiert war. Während sie noch auf die Lopez schimpfte, die nun wirklich nichts dafür konnte, dass der Gomez gegen sie ausgetauscht wurde, hatte ich ihren Liebling erstanden, gegen kleines Geld. Jeder von uns schnappte sich einen Mario im Rahmen. Die Abmessungen waren ca. 2m mal 70cm. Sabine kreischte vor Glück und schob mich in das nächste Café. „Du Irre, kein Wunder, dass du hier therapiert werden musst. Ich glaub's nicht. Was du dich für mich getraut hast. Du bist der Hammer! Los, Sekt her!" Sabine war richtig glücklich und ich war ein bisschen stolz auf mich, dass ich das gemacht hatte. Für mich hätte ich das nicht getan, nie und nimmer. Aber was tut man nicht alles für

Freunde?

„Sabine, hör mit dem Alkohol auf, wenn wir pusten müssen, können wir gleich nach Hause fahren.“ Ich musste sie von ihrer Wolke im 7. Himmel runter holen. Das erledigten dann aber auch andere. Durch die Größe der Bilderrahmen eckten wir überall an. Ob im Café oder auf dem Fußweg. Wir waren ein Hindernis. Einige riefen uns hinterher: „Wo wollt ihr mit unserem Gomez hin? Der bleibt hier!“ Sabine lachte nur, sie kam aus dem Lachen nicht mehr raus. Das änderte sich, als wir am Auto angekommen waren. Ich hatte ja keine Ahnung, welches Auto sie fuhr. Wobei ich es mir hätte denken können. Natürlich, die Chefetage fährt Mercedes, und dann auch noch so‘n flachen Sportwagen. Zwei Gomeze, stehend neben dem Sportwagen, holten uns auf den Weg der Tatsachen zurück. Wenn die Sabine ein richtiges Auto gefahren hätte, wäre alles kein Problem gewesen. „Was‘n jetzt?“ Ich sah sie fragend an.

„Die Gomeze müssen aus dem Rahmen fallen“, war ihre Antwort. Sie drückte sich etwas komisch aus, ich ahnte aber, was sie meinte. In der Klinik angekommen zückte sie das Cutter-Messer. Sie war ja aus der Werbebranche und bestens vertraut mit kleinen und großen Problemen. Innerhalb von Minuten fielen beide wirklich aus dem Rahmen und rollten sich auf dem Fußboden zusammen, passend für Mercedes. „Was willst du mit beiden Männern?“, wollte ich wissen.

„Einer für mich und einer für Mama, die vergöttert den auch.“ Alles klar. Etwas zögerlich kam dann noch: „Ich weiß nur nicht, was mein Mann dazu sagen wird.“ Die Männer können sogar auf ne Pappfigur eifersüchtig sein (näher beschrieben in der Geschichte „Wir haben Verständnis für den Verstand der Männer“).

Das war so ein richtiges Beispiel für: „Mit Freunden kann man Pferde stehlen“. Für Sabine würde ich das immer wieder unterschreiben.

Wenn ich heute nach Annaberg komme, komme ich zu einer Freundin, mit der kann ich lachen und weinen, reden und schweigen. Wir finden immer einen Weg, mit den Schwierigkeiten des Lebens fertigzuwerden, auch wenn es nur zuhören ist. Wir wissen, wovon der andere redet, weil er die gleiche Sprache spricht, fast die gleiche. Einer spricht vugtlänsch und der andere arzgebergsch.

Die Weintraube ist effektiver

Je größer man ist, desto schlechter sieht man eine Weintraube auf dem Fußboden. Das liegt daran, dass die Augen weiter oben sind als bei jemandem, der nur 1,50 m groß ist. Wenn die Weintraube noch dazu schon etwas angedatscht und graubraun ist und farblich ähnlich aussieht wie das Linoleum, auf dem sie irgendwann gelandet ist, kann es passieren … Ja, es ist passiert! Ich bin 1,68m groß und damit Mittelmaß und Brillenträger. Beste Voraussetzungen dafür, eine Weintraube auf beschriebenem Untergrund nicht zu sehen. Schuhgröße 41 tut dann noch ihr übriges, da es kleine Füße schwerer haben, die Traube zu treffen.

Ich hab‘s geschafft! Und das Gefühl, für eine Sekunde zu fliegen war grandios, sodass ich mich dazu hinreißen ließ, loszuschreien. Sicher dachte mein Mann, der Schrei galt dem Aufprall. Weit gefehlt, ich bin geflogen. und das war toll! Auf dem Boden anzukommen, war weniger toll. Der Aufprall verursachte zwar keine Delle im Fußboden aber der Schmerz in der Hüfte verbreitete sich im ganzen Körper. Ich überlegte, ob die Stelle, auf die ich gekracht bin, der Oberschenkelhals ist. Den Bruch dessen kenne ich nur vom Hörensagen. Bei mir konnte es kein Bruch sein, denn ich konnte aufstehen, wenn auch mühsam. Meine Schlussfolgerung war, ich habe keine Osteoporose oder bin noch nicht in dem Alter für einen Oberschenkelhalsbruch. Am besten ist es, wenn man solche Gedankengänge gleich noch auf dem Fußboden vollzieht. Denn ist man einmal aufgestanden und der Schmerz verschwindet nach ein paar Tagen, verschwinden auch die Schlussfolgerungen, die man daraus gezogen hat. Damit wäre man auch um eine Erkenntnis ärmer! Das wäre schade, da die Erkenntnisse mit jeder Sekunde schwinden, wenn man erst mal „Best Ager" ist. Aber so eine fantastische Erfahrung im Zusammenhang mit dem Schmerz, wird wohl ganz zuletzt verschwinden. Beim nächsten Arztbesuch können Sie außerdem sagen: „Ich habe keine Osteoporose, ich hab's getestet." Das spart dem Arzt Zeit und Ihnen Geld.

Ich bin zu weit abgeschweift. Ich wollte erzählen, dass auch der Dreckberg, den ich vor dem Flug zusammengefegt hatte, weg war. Eine Erklärung fand ich erst, als ich mir nach dem Händewaschen wie immer die Finger an meinem Kleid abtrocknete. Da hing der Dreck! Noch ein Vorteil, man musste nichts mehr zusammenfegen. Aber der Flug von einer Sekunde war trotzdem das Beste.

Man kann das auch mit ner Bananenschale probieren, das hat aber mehrere Nachteile.

Erstens ist der Überraschungseffekt weg, da sie

zu groß ist und sichtbar. Damit kann man sich zweitens schon auf den Flug vorbereiten. Und drittens ist der Aufprall weniger heftig, da die Bananenschale mit einer Stärke von ca. 3 mm das Ganze abfedert. Also ist der Osteoporose Test verfälscht. Somit fallen wieder Kosten an, für IGL-Leistung, die Knochendichte zu messen.

Abschließend würde ich sagen, eine Weintraube ist effektiver als eine Bananenschale.

Gestorben bin ich im November 2019

Es ist gleich 0.00 Uhr am heutigen 03.07.2020 und eigentlich sollte ich im Bett liegen und mich von einem stressigen Arbeitstag erholen. Stattdessen sitze ich am Laptop und beginne endlich mit meiner Geschichte. Mit endlich meine ich, dass ich das Vorhaben, meine Geschichte zu schreiben, schon viel zu lange vor mir herschiebe. Heute habe ich gemerkt, dass die Zeit, die ich brauche, um mich zu erholen, immer länger wird und die Krankheit, die mein Leben beherrscht, immer mehr Raum einnimmt. Heute waren es sechs Stunden, die ich am Tag im Bett verbrachte, ohne wach zu werden und danach noch eine Stunde, bis ich in der Lage war, aufzustehen. Erst gegen 18.00 Uhr hatte ich genügend Kraft, ins Bad zu gehen, die Toilette aufzusuchen, mir Wasser über den Körper laufen zu lassen, um den lästigen Schweiß loszuwerden und mir was anzuziehen.

Wieder war ein schöner, sonniger Nachmittag an mir vorbeigezogen, einer von vielen, und es werden immer mehr.

Mein Mann sitzt auf der Couch und schaut mich ängstlich und traurig an, hilflos, genauso hilflos wie ich. Er wartet auf eine Erklärung, warum ich jetzt fast täglich den halben Tag im Bett verbringe und mir ohne Ankündigung irgendjemand von jetzt auf gleich die Kraft raubt. Warum ich die Gabel nicht zum Mund führen kann, um zu essen, weil mir die Kraft fehlt, warum ich den Würfelbecher, der nur 20 cm von meiner Hand entfernt steht, nicht greifen kann, weil mir der Arm nicht gehorcht. Meine Fingerkuppen laufen dann bis zum Becher und ich kann ihn umkippen. Ich möchte doch unsere kleine 9jährige Nachbarin nicht enttäuschen, die so gern „Schüttel-Klack" mit uns spielt und nicht verstehen würde, warum mir der Becher zu schwer wird. Ich verstehs doch selbst nicht.

Ich schreibe über CFS

Es sind 3 Tage vergangen, seit ich den letzten Buchstaben angeschlagen habe und es ist wieder kurz vor 0.00 Uhr. Von den vergangenen 72 Stunden habe ich wohl nur 20 Stunden bewusst erlebt. Vom heutigen Tag weiß ich noch, dass ich gefrühstückt und eine Gardinenstange abgebaut habe, wobei die Probleme schon anfingen, als ich auf den Stuhl steigen wollte. Meine Beine versagten mir fast den Dienst. Nur mit größter Mühe schaffte ich es nach oben.

All das verschweige ich meinem Mann, um nicht noch mehr Diskussionen heraufzubeschwören, die zu nichts führen. Stattdessen lege ich mich ohne

Kommentar auf die Couch. Nach einer halben Ewigkeit stehe ich völlig gerädert auf und werfe einen Blick ins Netz. Der Corona-Fall bei Tönnies beschäftigt mich derzeit sehr, da mein Sohn Angestellter in dieser Firma ist. Die heutigen Nachrichten beunruhigen mich total, da die Discounter und Supermärkte die Zusammenarbeit mit der Firma Tönnies beenden wollen. Mein Gehirn verschlimmert diese Nachrichten gleich um ein vielfaches und ich sehe meinen Sohn schon in der Arbeitslosigkeit. Dieser seelische Stress macht mich wieder krank und raubt mir die Kraft, Abendessen zu kochen. Stattdessen gibt es Tiefkühlpizza für meinen Mann und mich. Das Essen schaffe ich, danach liege ich völlig desinteressiert im Fernsehsessel. Ich brauche einige Zeit, bis ich halbwegs fit bin.

Nun sitze ich am Laptop und mache die Nacht zum Tag, wie so oft. Solange es möglich ist, werde ich schreiben, um irgendwas Sinnvolles zu tun und weil es mir am Herzen liegt, niederzuschreiben, wie es mir geht und dass keiner mich versteht.

Noch im Oktober letzten Jahres war alles gut. Ich hatte einen stressigen Job, der mich schon immer an die Grenzen meiner Leistungsfähigkeit brachte, wobei ich Leistungsfähigkeit damals anders definiert habe als heute.

Es war der 14.10.2019 als ich meine Neurologin

aufsuchte.

Seit Monaten schmerzten meine Füße und Hände. Zeitweise hatte ich kein Gefühl für Kälte und Hitze. Je länger ich auf der Arbeit lief, und das waren manchmal bis zu 10 km, desto mehr war ich der Meinung, meine Füße würden aus den Schuhen herauswachsen, gefühlt wurden sie dicker und dicker und schmerzten immer mehr. Mit dem Verdacht auf eine Nervenschädigung wurde ich ins Krankenhaus eingewiesen.

Drei Wochen Neurologie brachten ans Tageslicht: „Polyneuropathie", was später im St. Georg-Krankenhaus in Leipzig durch eine Hautbiopsie noch spezifiziert wurde, sodass am Ende die Diagnose „Small Fiber Neuropathie" herauskam.

Für Laien: Es liegt eine Nervenschädigung der kleinen peripheren Nervenfasern vor. Es können auch die autonomen Fasern in den Organen betroffen sein, wie Darm, Blase, Lunge, Herz, mit unterschiedlichen Symptomen. Ich bekam beispielsweise keine Luft und mein Herz stolperte, die Haut trocknete aus und es bildete sich starke Hornhaut, die dann aufplatzte und an den Füßen noch stärkere Schmerzen verursachte. Jedenfalls alles ziemlich konfus, aber was danach folgen sollte, war viel schlimmer.

Normalerweise geht man zum Arzt, der macht eine Anamnese und stellt im günstigsten Fall eine Diagnose. Er versucht, den besten Weg aus der Krankheit zu finden mit Medikamenten, OP, Physio- oder Psychotherapie oder weiteren Untersuchungen, was immer nötig ist, dem Patienten zu helfen.

Oder man hat CFS. Dann weiß der Arzt nicht mal, was CFS ist, demzufolge auch nicht, dass es CFS ist, und logischerweise auch nicht, wie man CFS diagnostiziert, geschweige denn behandelt. Er würde dir vielleicht sagen, dass du dir das alles nur einbildest, die Muskel- und Gelenkschmerzen, die totale Erschöpfung, die Halsschmerzen und geschwollenen Lymphknoten. Dass du 10 bis 15 mal aufs Klo rennen musst, weil sich die Blase nicht richtig entleert, du an Verstopfung und Durchfall leidest und Bauchschmerzen hast, alles Einbildung. Für den Schüttelfrost und die Schweißausbrüche, die dich plagen und weshalb du nachts die Bettwäsche und tagsüber die Klamotten wechseln musst, hat er sicher auch eine Erklärung. Und dann passiert es, dass du dich nicht mehr konzentrieren kannst und das Gedächtnis versagt.

WAS MAG DAS WOHL SEIN? DEPRESSIO-

NEN – jetzt hat er's!

Panikattacken, die zur Luftnot führen, Müdigkeit und Antriebslosigkeit, weil du einfach keinen Bock hast aufzustehen. Sport würde da Wunder wirken und überhaupt ... Und manchmal würde er dir sagen, dass du ein Drückeberger und zu faul zum Arbeiten bist.

Entweder glaubst du den ganzen Quatsch ...

oder du wirst aufsässig, weil du durchschaust, dass der Arzt keine Ahnung hat und es nicht zugibt oder von seiner Behauptung überzeugt ist,

oder du recherchierst selbst, weil dir keiner hilft, keiner dir erklärt, was gerade passiert, warum man dir dein Leben weggenommen hat.

Ich habe alle drei Wege genommen. Meine Leichtgläubigkeit brachte mich dazu, zuerst dem Arzt zu glauben, der behauptete, ich sei depressiv. Ich hab's mit Sport und einer anderen Einstellung zum Leben probiert, **nichts half!**

Ich habe in der Psychiatrie rebelliert gegen Ignoranz und Unwissenheit!

Und ich wühle seit Monaten im Internet, wenn es die Kraft zulässt, und sauge in mir auf, was es über CFS zu lernen gibt. Und das ist so gut wie **nichts!**

Wären da nicht die unzähligen Geschichten von Betroffenen, denen es noch viel, viel schlechter geht, würde ich wohl selbst an mir zweifeln. Aus medizinischer Sicht scheint die Krankheit nur als Gespenst zu existieren, dem man einen Namen gegeben hat. Einen Namen für, ja wofür eigentlich ...

Ich habe jetzt viel geschrieben und wenig gesagt, deshalb wird es Zeit, dass ich erkläre wovon ich rede:

CFS/ME (Chronisches Erschöpfungssyndrom / Myalgische Enzephalomyelitis)

Die Bezeichnung „chronisches Erschöpfungssyndrom" klingt in meinen Ohren wie: „na ja, überarbeitet, wird wieder gut, wenn man einen Gang zurückschraubt". Dieser Name ist eine Zumutung. Oft genug bekomme ich von Menschen zur Antwort: „Ach das habe ich auch, weil alles so stressig ist." Eine totale Fehlinterpretation, da diese Bezeichnung das Ausmaß dessen, was dahintersteckt, nicht mal anreißt. Aber man kann es den Menschen nicht verübeln, woher sollten sie es wissen, was nicht mal die Ärzte wissen?

Einen Teil der Symptome habe ich oben schon erwähnt. Die Krankheit hat ungeklärte Ursachen und Entstehungsmechanismen und führt in schweren Fällen zur Behinderung und Pflegebedürftigkeit. Selbst bei leichtem Verlauf hat man nur noch ein Aktivitätsniveau von 50%. Viele können das Haus nicht mehr verlassen oder sind ans Bett gefesselt und im schwersten Fall bettlägerig und bei allen Dingen pflegebedürftig.

Von einer hohen Dunkelziffer abgesehen leben in Deutschland 240.000 Menschen mit CFS, wobei ich nicht einmal von Leben sprechen würde, wir *existieren* noch. Denn wie soll man es anders bezeichnen, abgehängt von der Gesellschaft im Bett zu liegen, in einem verdunkelten Raum, bei absoluter Stille, weil man weder Licht noch Geräusche ertragen kann und ernährt werden muss, weil man nicht mehr schlucken kann.

Allein in unserem Land sind 40.000 Kinder betroffen, die mit CFS nie ein normales Leben führen können.

Seit vielen Jahrzehnten gibt es diese Krankheit und sie hat sich über den Erdball verbreitet. Mit ca. 17 Millionen Betroffenen ist sie nicht mal so selten, aber die Patienten sind unsichtbar, man könnte fast sagen, nicht existent. ME/CFS ist die Krankheit mit der niedrigsten Lebensqualität überhaupt, niedriger als mit Krebs oder Schlaganfall. Obwohl sie seit 1969 in die internationale Klassifikation der Krankheiten aufgenommen wurde, ist sie bisher kaum erforscht. In Deutschland wird für die Forschung so gut wie kein Geld ausgegeben. Das Europäische Parlament hat im Juni diesen Jahres ihre Mitgliedsstaaten aufgefordert, endlich die notwendigen Mittel zur biomedizinischen Forderung bereitzustellen, die Krankheit mit ihren Folgen anzuerkennen und die Ärzte und Verantwortlichen dahin gehend auszubilden.

Ob mir das noch zugutekommt!?

Der 10.11.2019

Nahezu alle, die an CFS erkrankt sind, können sich an das genaue Datum erinnern, als diese Krankheit die Macht über sie erlangte. Bei mir sollte genau dieses Datum die Wende in meinem Leben einläuten.

Es war ein ganz normaler Termin bei meiner Hausärztin, die ihre Praxis nur 400 m von meinem Zuhause hat. Nach ca. 200 m versagten mir die Beine und ich bekam keine Luft mehr. Da mir keine Erklärung einfiel, fragte ich die Ärztin, die das Ganze auf meine damals schon diagnostizierte Krankheit, Small Fiber Neuropathie (im folgenden SFN genannt) heißt, schob. Na gut, dachte ich, das ist ja auch eine Krankheit mit vielen Gesichtern. Wie oben schon erwähnt, hatte ich starke Schmerzen in Händen und Füßen. Schlaflosigkeit, Reizdarm, oft blieb mir die Luft weg, Schwindel usw. Nur dass ich absolut keine Kraft in Armen und Beinen hatte, war mir als Symptom unbekannt. Nun war da noch was anderes, abgesehen vom „Restless legs Syndrom", das mich schon seit neun Jahren durch mein Leben begleitet und mir manche Nacht Schlaflosigkeit bereitet. Die Beine, die sich nach arbeitsreichen Tagen eigentlich ausruhen sollten, verselbstständigen sich am Abend und in der Nacht und zucken völlig unkontrolliert. Als ob das nicht reichen würde, nun noch SFN und irgendwas Mysteriöses, was mir die Kraft raubt.

Dass es keine der beiden Krankheiten sein konnte, offenbarte sich, als ich eines Morgens aufstand, ins Bad ging und mein Körper anfing zu zittern. Ein Blick in den Spiegel zeigte mir mein Gesicht käseweiß, wie aus dem Mehltopf. Die Zähne zu putzen wurde für mich zur Tortur und dann war auch Schluss für Stunden, ich meine damit, ich war zu keiner weiteren Aktivität fähig. Für Stunden lag ich im Bett, ohne mich umdrehen zu können. Es war für mich unfassbar, was da gerade passiert war. Nach geraumer Zeit stand ich etwas erholt auf, sodass ich mich waschen und etwas essen konnte.

Was zum Teufel ist los mit mir?, dachte ich. Mir wurde schwindelig und ich bekam keine Luft mehr. Für Minuten stand ich auf dem Balkon und versuchte irgendwie Sauerstoff in meinen Körper zu bringen. Ich hatte unheimliche Angst, das nicht zu überleben. Wie ihr seht, überlebte ich es doch und noch einige solcher Situationen, die darauf folgen sollten. Die Lebensbedrohlichste in meinen Augen passierte, als mich mein Mann in die Neurologie brachte und ich im Auto fast erstickte.

Später sollte ich von verschiedenen Ärzten hören, dass ich an Panikattacken leide, was ja durchaus stimmt, da ich seit 2012 eine rezidivierende Depression habe und Panikattacken kenne. In den acht Jahren habe ich auch gelernt, damit umzugehen, aber was mir in letzter Zeit mit der Atemnot widerfuhr, stand auf einem ganz anderen Blatt. Da waren weder Druck auf der Brust noch irgendwelche anderen Schmerzen, da war einfach keine Luft mehr da für mich, so sehr ich mich auch anstrengte, mit oder ohne Tüte, *nichts, da war nichts!!*

Alles veränderte sich. So oft ich auf der Toilette saß für großes oder kleines Geschäft, könnte man schon fast denken, das wäre mein bevorzugter Ort in der Wohnung.

Die Geschichte mit der nahezu lebensbedrohlichen Luftnot brachte meine Hausärztin auf den Plan, und sie schickte mich in die Notaufnahme ins St.-Georg-Krankenhaus Leipzig. Dort reiste ich mit Sack und Pack an in der Hoffnung, dass man sich meiner annehmen würde. Ich bin sonst nicht so leicht umzuhauen, aber was da mit mir passierte, besonders die Minuten, in denen ich keine Luft bekam, machten mir unheimliche Angst. Nach Stunden des Wartens wurde ich nach

Hause geschickt mit den Worten: „Sie wissen doch, dass Sie an Depression leiden, das sind ganz sicher Panikattacken!“

Ich war wieder zu Hause und ratlos.

Eines Morgens saß ich im Küchentisch und plötzlich kam einer von hinten, setzte einen Sauger an und zog die ganze Kraft aus meinem Körper (so sollt ihr euch das vorstellen). Ich merkte genau, wenn das passierte. Entweder saß ich dann ganz lethargisch am Tisch und konnte mich nicht bewegen oder ich rannte auf den Balkon, um nach Luft zu schnappen. Danach war für viele Stunden die Couch meine. Man sollte eigentlich meinen, dass irgendwann die Erholung wieder da sein sollte, aber so war‘s nicht. Völlig zerschlagen stürzte ich mich dann auf irgendwelche Hausarbeiten, die ja auch gemacht werden mussten. Manchmal schaffte ich es ein paar Stunden durchzuhalten, manchmal waren es nur Minuten. Dann kamen zwei, drei Wochen, wo ich dachte: Gott sei Dank, der Spuk ist vorbei. Abgesehen von den Nervenschmerzen in den Händen und Füßen ging es mir gut. Keine Luftnot, kein Kraftverlust, alles ok. Ich hatte ja auch bis dato keine Antwort auf meine Fragen, was mit meinem Körper los war.

Aber das Gespenst kam zurück und schlug unvermittelt zu

Ohne Ankündigung war es wieder da, und das ist bis heute so.

Plötzlich ist die Kraft weg, die totale Erschöpfung kommt, die mich zum Hinlegen zwingt, zum Nichtstun, zum Schlafen. Früher konnte ich sagen, ich fahre um 8.00 Uhr mit dem Bus, egal wohin. Heute geht das nicht mehr, da ich um Viertel vor acht nicht weiß, ob ich dazu um 8.00 Uhr in der Lage sein werde. Ich weiß auch jetzt nicht, ob ich den Satz zu Ende schreiben kann oder mich hinlegen muss. Heute ist alles anders. Ich kann keinen Dienstplan mehr einhalten und selbst wenn ich zur Arbeit gehen kann, weiß ich nicht, wie lange ich in der Lage sein werde zu arbeiten. Eine Tagesplanung ist nicht mehr möglich, eine Verabredung einzuhalten, ist Glückssache, einen Termin zu machen, wird zur Herausforderung. Beim Abendessen kochen muss ich mir überlegen, was ich koche, dass es auch fertig wird. Es ist mir schon des öfteren passiert, dass ich mich mittendrin hinlegen musste und mein Mann eingesprungen ist. Wenn ich dann doch irgendwann am Tisch sitze, kann es passieren, dass ich die Gabel nicht zum Mund führen kann vor Schwäche. Dann kann ich mich noch so sehr anstrengen, ich bekomme den Arm nicht gehoben. Ganz oft kommen dann unvermittelt die Tränen.

HILFE!! ABER KEINER HILFT. ES SAGT MIR KEINER, ALLES WIRD GUT! ES IST KEINER DA, MIT DEM MAN DARÜBER SPRECHEN KANN, WEIL MIR KEINER GLAUBT, WEIL ES AUS DER LUFTGEHOLT ZU SEIN SCHEINT!

Die, die sich damit auskennen sollten, unsere Mediziner, kennen sich nicht aus. Und dafür soll ich auch noch Verständnis haben, da sie es ja nie gelernt haben. Aber wer hat denn für mich Verständnis. Beim Landkreis (Versorgungsamt) hatte ich zumindest so viel Verständnis vermutet, dass man sich mal ne halbe Stunde mit der Diagnose CFS auseinandersetzen würde, sich mal kurz einlesen hätte können. Ich hatte es den Verantwortlichen extra leicht gemacht, indem ich mein Krankentagebuch mitschickte und Unterlagen aus dem Netz dazulegte, veröffentlicht von CFS-Spezialisten. Das interessierte anscheinend niemanden, denn CFS wurde bei der Ablehnung des Grades der Behinderung überhaupt nicht erwähnt. Auch mein eingelegter Widerspruch prallte auf Ablehnung.

Man hat mir mein Leben gestohlen, ist das nicht Behinderung genug!?

Ich bin verzweifelt und Verzweiflung macht depressiv, ohne Frage. Ich bin wütend und traurig, müde und erschöpft, ich will manchmal aufgeben, weil ich keine Kraft mehr habe und weil ich mich frage, wofür kämpfe ich hier eigentlich, es kapiert ja doch keiner. Seelischer Stress ist gerade am schlimmsten zu ertragen.

Mittlerweile wurde ich in die Psychiatrie eingewiesen und ich habe es über mich ergehen lassen, weil ich wusste, dass sich neben der Psychiatrie das neurologische Krankenhaus befindet. Und falls es einen Arzt geben sollte, der erkennt, dass ich eine andere Krankheit habe, die die Depression nur als Begleiterscheinung hervorruft, könnte es ja passieren, dass er mich verlegen lässt. Das war meine Hoffnung.

Nein, es gab keinen Arzt!

Stattdessen hieß es Tag für Tag Frühsport, Laufen, Hampelmann, Kniebeuge ...., Gift für CFS-Kranke. Solch kraftraubendes Sporttreiben verschlingt die letzten Reserven, die der Körper noch hat. Endlose Diskussionen mit Ärzten und Krankenschwestern taten ihr Übriges.

Und, nein, ich habe immer noch kein Verständnis für die Unwissenheit des medizinischen Personals!

Nachdem ich mich bei der Beschwerdestelle des Krankenhauses gemeldet hatte, bekam ich ganz schnell die Entlassungspapiere mit dem Hinweis, ich solle mir doch draußen einen Psychologen suchen.

Ich sag's euch, ich dreh noch durch!!

Ich vergaß wohl zu erwähnen, dass ich nach endloser Recherche im Internet darauf gestoßen war, dass ich an CFS leide. Alle Symptome sprachen dafür. Unzählige Geschichten von Patienten, wissenschaftliche Artikel, Beiträge von Selbsthilfegruppen, Videos von besonders schwer Betroffenen, wo ich mir sage, davon bin ich Gott sei Dank noch verschont. Man sieht unsägliches Leid von Kindern, Jugendlichen und Erwachsenen, die irgendwann mit beiden Beinen im Leben standen, abrupt aus diesem gerissen wurden und jetzt nur noch dahinvegetieren, und keiner schaut mal genau hin.

Die Politik, die so viel Geld für sinnlose Dinge rausschmeißt, unternimmt nichts, dass da in puncto Forschung mal was passiert, um den zig Tausenden zu helfen. Man könnte auch mal Millionen in die Hand nehmen, um Ärzte auszubilden, denn die Handvoll, die es gibt in Deutschland, sind entweder weit weg, für die CFS-Kranken oft unerreichbar, oder man muss für die Behandlung bezahlen, weil es Privatärzte sind.

Meine Recherche bezüglich meiner Diagnose brachte mich aber erst mal gar nicht weiter, weil, wie gesagt, die Ärzte damit nichts anfangen können oder wollen, oder die Diagnose Depression allzu schnell ausgesprochen und vor allem viel bequemer ist. Man ist eine unbequeme, nervige Patientin los und muss sich nicht mit deren Problemen auseinandersetzen.

Auch ich rannte von Arzt zu Arzt, bis ich einen fand, der mir die Diagnose CFS stellte. Nach vielen Monaten ein erstes Erfolgserlebnis, dachte ich. Bis heute weiß ich aber immer noch nicht, wie es weitergehen soll. Ich bin seit neun Monaten krankgeschrieben. Die Krankenkasse hält auch nicht ewig still. Mir kam wohl Corona zugute, sonst wäre ich schon längst zur Reha oder vorstellig beim Medizinischen Dienst der Krankenkassen. Abgesehen davon verschlechtert sich mein Zustand zusehends. Bis zu diesem Punkt habe ich mehrere Wochen gebraucht, um dies niederzuschreiben. In dieser Woche lag ich mehr im Bett, als dass ich wach war, und das macht mir Angst.

Ich weiß, dass es in Deutschland zwei Krankenhäuser gibt, die sich mit CFS befassen, zum einen die Charité in Berlin mit einer Abteilung unter der Leitung von Professor Scheibenbogen und eines im Süden der Republik, das sich um die kranken Kinder und Jugendlichen kümmert. Auf Rat meines Arztes sollte ich mich an die Charité wenden, um weitere Untersuchungen vornehmen zu lassen. Meine Anfrage dahingehend wurde abgelehnt, weil man dort nur Berliner und Brandenburger behandelt. Meine Verzweiflung führte schon so weit, dass wir nach Brandenburg ziehen wollten. Wir hatten die Wohnung schon fast sicher, bis der Vermieter von meiner Krankheit hörte und ich ihm keine normalen Einkommensnachweise bieten konnte. Er ist abgesprungen.

Das ist Ironie des Schicksals!

Heute war ein guter Tag. Es ist 19.30 Uhr und ich lag noch nicht auf der Couch. Stattdessen habe ich eine Kurzgeschichte geschrieben. Neben stricken, welches sehr anstrengt, ist das meine Lieblingsbeschäftigung. Ich habe beschlossen, dass ich, wann immer es geht, schreiben möchte. Früher habe ich lustige Geschichten und Büttenreden geschrieben. Heute ist die Stimmung meiner Darsteller eher gedämpft.

Es hat sich etwas geändert. Zu den ziemlich eindeutigen Muskel- und Gelenkschmerzen gesellen sich seit einiger Zeit diffuse Schmerzen. Wenn das Gehirn dafür zuständig ist, den Schmerz für uns fühlbar zu machen, habe ich den Eindruck, es läuft gerade ein Spiel in meinem Körper ab: „Hasch mich, ich bin der Frühling." Gerade tat der Brustkorb weh, für ne Minute, und jetzt schmerzt es in der Kniekehle, im nächsten Moment brennt es im Gesicht. So geht es die ganze Zeit, bis der ganze Körper „abgescannt“ ist. Es gibt bestimmte Punkte (Triggerpunkte) die bei Berührung besonders wehtun. Dazu kommen extreme Kopf- und Rückenschmerzen, Schüttelfrost, große Müdigkeit und schon bekannte Symptome. Meine Recherche (denn mir bleibt nichts anderes übrig, als dass ich selbst rausfinde, was mit mir ist) hat ergeben, es muss Weichteilrheumatismus sein, sogenannte Fibromyalgie. Diese Erkenntnis habe ich meiner Hausärztin präsentiert und sie hat nicht widersprochen. Im Gegenteil, sie kam zu dem Schluss, dass das Krankheitsbild CFS durchaus das Restless legs Syndrom, Fibromyalgie und Small Fiber Neuropathie beinhaltet.

Für meinen Arbeitgeber bin ich zur Karteileiche geworden, egal.

Ich werde am Ende des Jahres Erwerbsminderungsrente beantragen. Das könnte vielleicht der schwerste Weg von allen werden. Ich glaube nicht, dass bei der Rentenversicherung das chronische Erschöpfungssyndrom als eine solche Krankheit anerkannt wird, die es den Menschen unmöglich macht, arbeiten zu gehen.

Ich weiß, ich verbreite miese Stimmung. Meine Umwelt merkt das sicher auch. Der Mensch, der mir am nächsten steht, meint, *ich hätte das Lachen verloren!* Das ist sicher nicht das einzige, das ich verloren habe. Man verliert so viel bei CFS!

Manchmal rieche und schmecke ich nichts, fühle Kälte und Wärme, die so nicht da sind, habe Schüttelfrost und Schweißausbrüche. Ich kann das Wasser gar nicht so schnell oben rein kippen, wie es aus den Poren wieder raus läuft. Meine Fähigkeit, mich zu konzentrieren und mich zu erinnern, verlässt mich.

Die schlechtesten Tage sind dann, wenn es zu viel Kraft kostet, die Augen offen zu halten, zu reden, Musik zu hören, laute Stimmen und grelles Licht zu ertragen.

Aber für mich gibt es auch immer noch Lichtblicke, Tage, an denen ich ganz normal leben kann. Wo ich Eis essen gehen kann und shoppen, mich mit Freunden treffen kann und stricken, in der Sonne liegen kann und lesen.

Die Normalität funktioniert aber eben nur, wenn sie mich nicht zu viel Kraft kostet. Bei Überanstrengung muss ich dafür büßen am nächsten oder übernächsten Tag. Bei 50% Leistungsfähigkeit ist übermäßige Kraft anders definiert als früher. Damals haben acht Stunden Arbeitszeit im Handel, Haus, Haushalt und Kindererziehung mich ausgelaugt. Heute ist übermäßige Kraftanstrengung schon, mich zu streiten, mich aufzuregen oder ein paar Stunden Hausarbeit. Erschöpfungsphasen kommen meist zeitversetzt, meist am nächsten Tag. Ich sage immer, dann werde ich für mein normales Leben bestraft.

Ich werde langsam sarkastisch, je länger ich damit lebe. Eigentlich sollte ich dankbar sein für die Zeit, in der ich normal leben kann. In Gedanken bin ich ganz oft bei den Betroffenen, denen es viel schlechter geht. Die nicht das Glück haben, manchmal morgens ganz normal aufstehen zu können und den Tag noch halbwegs zu genießen.

Fast alle Menschen mit CFS haben einen bestimmten Tag X, den sie genau beziffern können, den Tag an dem ihnen das Leben genommen wurde. Bei mir war es der 10.11.2019

Die gute Nachricht, an CFS stirbt man nicht! Die schlechte Nachricht, an CFS stirbt man nicht!

Für mich gilt immer noch die gute Nachricht, aber wenn dieses Leben zur Last wird, kann es ganz schnell umschlagen.

Damit sind wir wieder bei der Depression. Die Dunkelheit macht sich breit und verdrängt das Lachen und keiner tut was dagegen.

Wieso lässt man Menschen einfach so aus dem Leben verschwinden? Wieso merkt keiner, dass hier endlich Handlungsbedarf besteht? Wir müssen aufpassen, dass aus der noch vorhandenen Wut keine Resignation wird. Wer soll sich um uns kümmern, wenn keiner von unserer Existenz weiß.

Und dass keiner von uns weiß, höre ich tagtäglich in Gesprächen mit anderen. Von den zahlreichen Leuten, mit denen ich über diese Krankheit gesprochen habe, wussten ganze zwei, wovon ich rede. Der Arzt, der die Diagnose stellte, und meine Cousine, weil sie noch einen Betroffenen kennt. Am wichtigsten ist dabei, aber unbedingt die Ärzte zu schulen, die Behörden, die über unsere Zukunft entscheiden ins Bild zu setzen, und die Forschung zu intensivieren, um Medikamente zu entwickeln.

Gestern kam der Brief von der übergeordneten Stelle des Versorgungsamtes, die die Ablehnung meines Antrags auf Erhöhung des Grades der Behinderung überprüfen sollte. Was soll ich sagen, die kamen zu dem Schluss die Ablehnung ist richtig (SCHREI!!!!!!!!!!!!).

30 GdB auf Depression
20 GdB auf SFN
20 GdB auf degenerative Veränderung der Wirbelsäule
10 GdB auf Restless legs
macht zusammen **40 GdB.**

Obwohl ich mein Krankentagebuch, unzählige Artikel aus dem Netz und die Diagnose meines Arztes beigelegt hatte, wurde CFS überhaupt nicht erwähnt. *Das stinkt zum Himmel! Was macht uns krank?*

Ich denke, die Ursache einer Erkrankung ist immer der Grundstein für die Entwicklung eines Arzneimittels. Und da fangen doch die Fragezeichen schon an. Bei mir war es ganz sicher keine Virusinfektion und kein Epstein-Barr-Virus. Bei mir war es auch kein Pestizid oder Gift in Putzmitteln, dem ich ständig ausgesetzt war. Gut, es könnte der Unfall sein, den ich 1998 hatte, als ich mich mit dem Hyundai überschlug und im Graben landete. Das Ergebnis war Schleudertrauma und die Frage des Arztes morgens um 8.00 Uhr: „Haben Sie was getrunken?" Ich muss unheimlich nach Bier gerochen haben, denn eine Kiste des Gesöffs war kaputtgegangen und hatte sich im Auto ergossen. Nee, ich glaube ich werde jetzt für mein Leben bestraft. Da frage ich mich, kann man eine Medizin entwickeln, die das Leben wieder ganz macht, so wie ein kaputtes Knie?

Früher sprach man von einer psychischen Erkrankung, heute weiß man zumindest, dass es sich um eine Multi-System-Erkrankung handelt, die sowohl das Immunsystem als auch den Energiestoffwechsel betrifft. Einige Wissenschaftler sprechen auch von einer Autoimmunkrankheit und von einer schweren Störung des Energiestoffwechsels in den Mitochondrien.

Der Grund des Ausbruchs bei mir ist rein spekulativ. Ich kann ja keinen fragen, wenn keiner mit mir darüber spricht. Ich rede halt mit der Wand, die weiß genauso viel wie die Ärzte. Es könnte auch sein, dass es an belastenden Ereignissen liegt, wie der Tod eines Menschen oder ständiger Stress.

Wäre ich nicht krank geworden, hätte ich wohl nie so genau über mein Leben nachgedacht. Da sich meine Gedanken aber seit neun Monaten um nichts anderes drehen, steigere ich mich immer mehr hinein in das Wieso, Weshalb, Warum. Je weniger Antworten ich bekomme, desto mehr suche ich sie mir selbst zusammen. Weil mir keiner sagt, ob die richtig oder falsch sind, kann ich mir ja alles ausmalen.

Und so habe ich mir diese Geschichte gebastelt.

Bevor ich richtig anfange, möchte ich betonen, dass ich keinerlei Groll hege gegen irgendjemanden, am allerwenigsten gegen meine Eltern, die ich geliebt habe. Da beide nicht mehr am Leben sind, kann ich ihnen auch nicht erklären, warum ich so handeln muss, wie ich es jetzt tue. Ich muss eine Erklärung finden für das, was mit mir passiert, und die Aufarbeitung der Vergangenheit ist meine einzige plausible Erklärung. Sollte man eines Tages einen akzeptablen Grund für den Ausbruch der

Krankheit bei mir finden, den man vielleicht auch medizinisch nachweisen kann, werde ich alles revidieren und in einem neuen Buch niederschreiben.

Um die Forschung voranzutreiben wird Geld gebraucht und der Wille, endlich Verantwortung zu übernehmen für die Menschen, denen es so schlecht geht, dass das Leben für sie nicht mehr lebenswert ist, und endlich einen Weg aus der Dunkelheit gezeigt wird. Dass Kinder und Jugendliche endlich eine Chance bekommen zu leben.

Wir möchten nicht mehr die „lost voices“ sein!

Im Alter von 62 Jahren und 9 Monaten habe ich mein Leben verloren. Das ist kein Alter, werden viele sagen. Ja, das stimmt, aber es ist noch schlimmer, wenn man immer noch existiert, ohne zu leben!

Als ich geboren wurde, war meine Mama 19 Jahre alt und ich nehme an, meine Mama und mein Papa „mussten“ heiraten. Das war damals so. Um den guten Ruf des Mädchens zu retten, wurde bei einer Schwangerschaft geheiratet. Ich glaube nicht, dass meine Eltern jeweils den Traumpartner gefunden hatten, als sie in die Ehe gingen, aber das spielte damals keine Rolle. Gibt es das überhaupt, die große Liebe? Wie lang muss man da wohl suchen um den Richtigen oder die Richtige zu finden? Dann hat man den oder die Vermeintliche gefunden und wird nach Jahren doch eines Besseren belehrt. Ich glaube nicht daran.

Und da fängt nämlich das Prekäre schon an. Sollte es in der Schwangerschaft schon zu Streitigkeiten oder viel Stress kommen, kann sich das schon auf den Embryo übertragen. War das bei mir so? Wurde da schon der Grundstein für CFS gelegt? Ich weiß es nicht und werde es auch nicht mehr erfahren. Genauso gut kann es auch Jahre später angefangen haben, vielleicht als es immer Streit in unserer Familie gab, wegen eines Themas – Geld. Ich kann mich nicht erinnern, dass sich meine Eltern, abgesehen von Streitigkeiten, jemals unterhalten haben. Ein Familienleben als solches gab es nicht. Das einzige, was wir gemeinsam machten, war der verhasste Sonntagsspaziergang im gebügelten Kleid und Lackschuhen. Mittlerweile war auch mein Bruder geboren, der zu meinem ständigen Begleiter wurde, besser gesagt, er hing mir nur am Rockzipfel, ätzend. Jetzt, im Nachhinein, denke ich anders darüber. Sicher litt er sehr unter dem zerrütteten Elternhaus. Er war klein und keiner war so richtig da für ihn. Meine Mama war ständig krank und auch irgendwie überfordert mit uns und mein Papa arbeitete von morgens bis abends und hatte ebenfalls keine Zeit.

Die Dialoge zwischen unseren Eltern gestalteten sich folgendermaßen. „Sag mal deiner Mutter, dass ...“, „Sag mal deinem Vater, dass ...“ Wir Kinder waren dann die Überbringer der Nachrichten.

Mein Tagesablauf war morgens meinen Bruder in den Kindergarten zu bringen, Schule, Hort, meinen Bruder wieder abholen, Hausarbeit, für die Schule lernen, Bett.

Ich lernte eigentlich in jeder freien Zeit. Einsen und Zweien wurden von meinem Vater akzeptiert, schlechter nicht.

Schon der Gedanke, eine Klassenarbeit vielleicht verhauen zu haben, brachte mich zum Weinen. Meinem Papa eine Drei oder schlechter präsentieren zu müssen, setzte mich so unter Druck, dass ich nicht mehr ein noch aus wusste. Er hat mich deshalb nie geschlagen, aber ich musste damit leben, versagt zu haben. Ich musste immer die Beste sein. Gelobt zu werden, war meine einzige Existenzberechtigung. Und so gestaltete sich mein Leben und wurde zum Hauptlebensinhalt.

Schön war es, wenn wir zu Oma und Opa fuhren und ich meine Cousinen und Cousins traf, dann war ich Kind. Meist war das in den Ferien so. In der Schulzeit waren meine Hauptaufgaben. Einsen zu schreiben und mich um meinen Bruder zu kümmern. In der Schule und zu Hause wollte ich glänzen, meine Lehrer und meinen Vater glücklich machen, Lob einstreichen und besser sein als alle anderen. Ich durfte nicht versagen und keinen enttäuschen. Das hätte Zurückweisung bedeutet und wäre für mich zur Katastrophe geworden. Unter dieser meiner Lebensweise litt natürlich meine komplette Kindheit. Freunde gab's nicht, Zuneigung von den Eltern gab's nicht. Ich knabberte an den Nägeln, riss mir die Haare aus und nässte ein, aber keiner merkte was.

Mit den Jahren wuchs der Druck, dem ich mich irgendwann selbst aussetzte.

Meine Eltern trennten sich, als ich 15 Jahre alt war. Mein Bruder und ich blieben bei unserem Vater im Haus unserer Stiefmutter. Für mich kam die Zeit der EOS (Gymnasium), das Abitur stand vor der Tür. Es hatte sich nichts geändert an meinem Lebensstil, ich meine Schule und lernen, lernen und Schule. Nur eins hatte sich geändert. Ich war todmüde, wenn ich aus der Schule kam. Ich brauchte fast täglich Mittagsschlaf. Aus der heutigen Sicht ist das für mich ein eindeutiges Zeichen. War das damals schon der Beginn des Erschöpfungssyndroms oder steckte ich schon länger in der Zwickmühle?

Das Abitur machte ich „mit Auszeichnung", es wurde nichts anderes von mir erwartet. Zum Studium stellte ich mich an der Humboldt-Uni, Bereich Japanologie, vor und wurde genommen. Sicher waren meine Noten ausschlaggebend, aber auch die Tatsache, dass mein Vater eine gewisse Rolle in der SED spielte. Für Abiturienten mit Westverwandtschaft wäre das sicher undenkbar gewesen, bei der Japanologie immatrikuliert zu werden.

Ich musste in eine neue Welt, weg von zu Hause. Auch wenn es nicht der Himmel auf Erden war, war es doch zu Hause.

Dadurch, dass ich in meiner Kindheit sehr zurückgezogen und nicht gerade weltoffen gelebt hatte, bekam ich in Berlin mächtige Probleme. Alles riesig, alles neu, ganz allein, es war der Horror! Ich stand immer abseits. Mich in die Gruppe von nur sieben Leuten zu integrieren, dauerte Monate. Ich sehnte jedes Wochenende herbei, an dem ich nach Hause fahren konnte. Im Studium stellte sich heraus, dass die anderen mit ganz anderen Voraussetzungen nach Berlin gekommen waren. Deren schulische Vorkenntnisse waren viel besser, was mir zusätzliche Probleme bereitete. Ich war nicht mehr die Beste und vor allen Dingen, ich stand mir selbst im Weg. Meine ganze Welt, die ich bisher kannte, brach zusammen. Wenn das Wochenende vorbei war und ich zurück musste, fuhr ich meist erst in der Nacht von Sonntag zu Montag mit der Bahn nach Berlin. Dann kam ich völlig gerädert an, denn meine Heimat war das Vogtland, was ja nicht gleich um die Ecke war. Meinem Vater erzählte ich nichts von meinen Schwierigkeiten, er durfte das nicht wissen. Viele Wochenenden verbrachte ich in Sachsen-Anhalt bei meiner Mutter, wo ich auch meinen späteren Mann kennenlernte.

Jedenfalls kam, was kommen musste, ich wurde schwanger und schmiss nach knapp drei Jahren das Studium. Eigentlich sollte ich zur Dolmetscherin für Englisch und Japanisch ausgebildet werden. Ganze sieben Leute waren in unserem Studiengang, eigentlich eine Ehre. Ob wir in der DDR jemals nach Japan gekommen wären, ist nicht gesagt, es war 1978 und keine Wende in Sicht.

Es war fast die schlimmste Zeit in meinem Leben, die dann folgte. Ich bekam ein Kind von einem Mann, der mich eigentlich gar nicht wollte, soll heißen, er liebte eher Fußball und Kneipe. Ich musste bei meiner Mutter einziehen, die einen versoffenen Ehemann hatte. Ich hatte wahnsinnige Angst, meinem Vater zu sagen, dass ich keine Studentin mehr war, dass ich quasi versagt hatte!

Ich konnte nicht ins Vogtland fahren, um ihm das zu beichten. Ich schrieb ihm einen Brief mit dem Geständnis, dass ich schwanger war und nicht weiter studieren werde. So musste ich ihm nicht in die Augen schauen, als er es erfuhr, das hätte ich nicht ertragen. Alle seine Nichten und Neffen waren beim Studium, nur seine Tochter, die immer sein großer Stolz war, brachte ihn in diese Situation, es seinen Geschwistern sagen zu müssen, dass ich unzuverlässig und feige war. So geschämt hatte ich mich noch nie.

Ich nahm den damals für mich leichtesten Weg und brach mit allen Onkeln, Tanten, Cousinen und Cousins, weil ich vor Scham im Erdboden versunken wäre, hätte ich ihnen gegenüber Stellung nehmen müssen, warum ich das getan hatte. Ich fühlte mich wie der größte Versager. Ich war 21 Jahre alt und hatte nichts, keine Berufsausbildung, keinen Job, kein Geld, keine Perspektive. Der Vater meines Kindes wohnte noch zu Hause und ließ sich zwischen Fußball, Job und Kneipe sehr selten sehen. Meine Mama war meine einzige Stütze.

Irgendwann kam dann die Frage der Schwiegermutter: „Wann wollt ihr denn endlich heiraten?"

Da war es wieder, man „musste" heiraten, man war ja schwanger.

Und so kam es. Ich heiratete einen Mann, der schon auf dem Standesamt ne Fahne hatte und ne Stunde später seinen Ehering verlor. Und ich sagte nichts! Ich gehorchte, ich musste ja unter die Haube, ich war ja schwanger und völlig mittellos. Dabei hätte ich nur noch schreien können.

Was war aus der Vorzeigeschülerin geworden, ein NICHTS!

In meinem Körper machte sich Stress breit und das von dem Zeitpunkt an, als ich nach Berlin ging.

Der Opa meines Mannes kaufte uns ein Haus und baute es aus. Ich war gefangen. Die Häuser der Schwiegergroßeltern, Schwiegereltern und unseres bildeten ein Dreieck, sodass ich immer unter Beobachtung stand.

In der Abendschule machte ich meine „Einzelhandelskauffrau“ und war bis zur Wende im Konsum. Ich bekam zwei Kinder von meinem Mann und war somit versorgt, meinte er wohl. Ich hatte meinen Job, unser Haus, unsere Kinder. Er hatte Job, Fußball und Kneipe. In Bezug auf Kommunikation und Lebensweise glichen sich meine Ehe und die Ehe meiner Eltern fast aufs Haar. Wir sahen uns kaum und wenn doch, hatten wir uns nichts zu sagen.

Ich hatte mich in mein Schicksal gefügt und auch mit meinem Vater Frieden geschlossen.

Irgendwann in den 23 Jahren meiner Ehe bin ich wieder in mein altes Muster zurückgefallen, ich musste die Beste sein. Ich kann mich nicht mehr an den Zeitpunkt erinnern, als das geschah. Vielleicht gab es auch keinen festen. Vielleicht war das die Zeit, als der Stress in mir nachließ, weil ich mich in mein Schicksal gefügt hatte.

Spurlos ging das allerdings nicht an mir vorbei. Mit dem Haus am Hals, einem Vollzeitjob und der Kindererziehung hatte ich mehr als genug zu tun. Mein Körper schwächelte, und ich musste zu jeder freien Zeit und Stunde schlafen.

CFS???

Wie gesagt, das alles wäre mir wohl nie wieder so zu Bewusstsein gekommen, müsste ich mich jetzt nicht mit meiner Krankheit beschäftigen.

Alleingelassen mit allem, wurde ich anfällig für Komplimente und Treffen mit einem anderen Mann. Er zeigte mir, dass es noch was anderes im Leben gab, und machte mir klar, dass dieses Leben mein einziges ist.

Im Jahr 2000 wagte ich den Schritt und verließ meine Familie. Meine Kinder waren 16 und 19 und ich hatte trotzdem ein schlechtes Gewissen ihnen gegenüber. Und da kam die schlimmste Zeit meines Lebens. Beide Kinder blieben beim Vater, weil sie ihre Freunde nicht verlassen wollten und ihre Heimat. Ganz furchtbar war für mich, dass mein Sohn, das überhaupt nicht verstand und den Kontakt zu mir abbrach. Im ganzen Dorf war ich von Stunde an verhasst, ich war die, die fremd gegangen war, ihre Kinder verlassen und sich klammheimlich aus dem Staub gemacht hatte. Damit musste ich nun leben, und irgendwann gewöhnt man sich an alles. Irgendwann fand auch mein Sohn den Weg wieder zu mir.

Es hätte sich ja eigentlich alles zum Guten wenden können, wäre nicht die Wende mit ihren Problemen gewesen. Der Osten wurde abgehängt. Es gab keine Jobs und, noch schlimmer, keine Ausbildungsplätze. Auch meine Tochter fand keinen in ihrer Heimat und musste im Alter von 16 Jahren allein nach Niedersachsen, um ihre Lehrstelle anzutreten. Noch heute ziehe ich den Hut vor diesem Mut. Sicher hätte sie es auch irgendwie allein geschafft, aber als Mutter dreht man da doch durch. Ich musste hinterher und mein neuer Mann, gar nicht begeistert, mit. Mein Herz schlug ruhiger in ihrer Nähe.

Ich hatte schnell einen neuen Job. Die Firma „Schlecker" suchte damals händeringend Arbeitskräfte. Man übertrug mir die Leitung einer Filiale und ich war froh. Man brauchte mich, ich hatte Verantwortung und die Leitung und konnte zeigen, was in mir steckte. Den Kommentar meines Vaters, „du kannst doch nicht bei Schlecker anfangen!", ignorierte ich.

Hätte ich nur auf ihn gehört. In der ganzen Zeit, in der ich mit meinem neuen Mann zusammen war, ging es mir seelisch besser, aber körperlich war ich ganz oft am Ende. Ich habe unheimlich viel geschlafen, was ich aber auf meinen Job bei Schlecker schob. Als Verkaufsstellenverantwortliche gab's keinen acht-Stunden-Tag. Zur vielen Arbeit gesellte sich ganz oft der Druck, den die Bezirksleitung auf mich und auf alle anderen Leitungen ausübte. Das Arbeiten bei Schlecker war gelinde gesagt schwierig. Der Druck, der von oben kam, wurde systematisch an den darunterliegenden weitergegeben, sodass am Ende immer bei uns Kleinen die Schuld gesucht wurde, wenn der Laden nicht lief. Die nervigen und verbitterten Kunden taten ihr Übriges.

Das Ende vom Lied, das jeder kennt, war die Insolvenz. Wen wundert's, natürlich war ich schuld, dass meine Filiale geschlossen wurde, da ich ja nicht genug Umsatz gemacht hatte, so der Vorwurf der Bezirksleitung.

Die Ära Schlecker dauerte für mich elf Jahre und brachte mir eine depressive rezidivierende Störung mit Panikattacken, die bis heute andauert. und Schuldgefühle am Zusammenbruch der Firma über Jahre hinweg. Das Restless-legs-Syndrom, das ich bereits erwähnte, ist das Ergebnis der Depression, die sich bei mir entwickelte und mich für fast ein Jahr ins Bett zwang. Nur im Dunkeln bin ich rausgegangen, sodass keiner auf mich zeigen und mich beschimpfen konnte.

Da war es wieder, das Gefühl, versagt zu haben. Es wurde mir eingeredet über Jahre und ich hatte angenommen. Es folgten Krankschreibung und Reha, Klage gegen die Firma Schlecker, Arbeitslosigkeit und keine Aussicht auf einen neuen Job.

2011 und 2012 waren für mich Jahre mit Dunkelheit, Schuldgefühlen, ganz vielen Panikattacken und Zukunftsängsten. Die Agentur für Arbeit hatte mir die Hoffnung genommen, mit damals 54 Jahren noch einen Job zu finden.

Das Insolvenzverfahren gegen die Firma Schlecker dauert immer noch an, aber selbst da wird es kein befriedigendes Resultat geben.

Mein Leben war mal wieder völlig aus der Bahn geraten. Ich hatte das Glück, in eine gute Reha-Einrichtung zu kommen, die mich wieder aufgebaut hat.

Ich steckte voller Power und wollte auf keinen Fall mit Hartz IV enden. Also schrieb ich Bewerbungen deutschlandweit. Die Firma Edeka Baur am Bodensee stellte mich schließlich ein. Es folgte wieder ein Umzug, 800 km entfernt von meiner Tochter. Sie hatte aber inzwischen Wurzeln geschlagen in Hameln, da war alles gut.

Wurst-, Fleisch-, Käse- und Fischtheke, ein völlig neues Metier erwartete mich am Bodensee. Inzwischen hatte ich zwei Handicaps, ich war älter als meine Kollegen und ich war ungelernt. Das konnte ich so nicht akzeptieren. Am Alter konnte ich nichts ändern, also musste ich es mit Fleiß und Schnelligkeit kompensieren. Mein Ziel war wie immer, alles besser zu machen, gelobt zu werden, Beste zu sein. Nach einem Jahr musste ich kündigen. Das Arbeitspensum wuchs mir über den Kopf. Arbeiten, schlafen, etwas anderes gab es nicht mehr. Ich musste kürzer treten. In dem REWE-Laden, in dem ich anfing, lief es ganz gut, bis ... Ja, bis mein Abteilungsleiter meinte, er müsse mich schikanieren, mit Tabletts und Messern nach mir werfen und mich mobben. Um noch eins draufzusetzen, bekam ich die Kündigung. Der Hausleiter meinte, er müsse seinem Abteilungsleiter beistehen.

Für mich war es wieder eine Katastrophe. Keine Kraft mehr, keine Lust, Weinkrämpfe, Panikattacken, das volle Programm. Die Depression war wieder da. Ich war für Monate krankgeschrieben. Wieder folgte eine Reha, diesmal eine schlechte, und danach für eineinhalb Jahren eine ambulante Psychotherapie. Ich hatte es so satt, dieser ganze Psychokram, diese schrecklichen Gruppentherapien, Vorträge und was weiß ich noch alles. Seit ein paar Wochen habe ich wieder Termine bei einem Psychologen, das hört wohl nie auf.

Und das ist alles so sinnlos. Seit neun Jahren

immer die gleiche Leier und nichts ändert sich. Mittlerweile sind es gerade diese Gespräche, die mir die meiste Kraft rauben.

Aber zurück zum Bodensee, um meine Vergangenheit abzuarbeiten.

Nach weiteren monatelangen Therapien meinte die Krankenkasse, ich könne wieder arbeiten.

Ich fand einen anderen REWE-Laden, der mich einstellte. Alles fing wieder von vorn an. Neue Kollegen, alles anders, alles schwierig. Wieder musste ich mich beweisen und gut sein. Ich musste besser sein, das war mein Anspruch an mich.

Zu Hause verschlechterte sich die Stimmung. Mein Mann, schon Rentner, hatte es mittlerweile satt, seit Jahren allein zu Hause rumzusitzen, während ich arbeiten oder zur Reha war. Und sollte ich doch zu Hause gewesen sein, habe ich geschlafen. Ich war immer kaputt, immer! Jedenfalls konnte es so nicht weitergehen!

2018 ließ ich mich zu REWE in Sachsen versetzen.

Wir sind wieder in der Heimat!

Was hat nun diese ganze Odyssee gebracht im Westen?

Bis Ende letzten Jahres war ich der Meinung, dass Schlecker mich kaputt gemacht hat und ich deshalb so angeschlagen war, dass ich mich die ganzen Jahre nicht wieder erholt habe. Kann es aber nicht auch sein, dass ich so geboren wurde, so depressiv? Gibt es das? Oder waren meine ersten Lebensjahre schuld? Ab wann im Leben kann man depressiv werden? Ich weiß mittlerweile gar nichts mehr.

Diese ständige Müdigkeit schon im Teenageralter … begann damals schon CFS? War es eine leichte Form dieser Krankheit?

Wer kann mir all diese Fragen beantworten? Gibt es vielleicht auch eine ganz andere Erklärung? Wie geht es jetzt weiter?

Ich habe jetzt meine ganze Lebensgeschichte erzählt, jedenfalls alle Dinge, die mir hinsichtlich meiner Krankheit relevant zu sein scheinen. Ich habe zweiundsechzigeinhalb Jahre gelebt und war immer der Meinung, das muss alles so sein. Ich hatte es so gelernt, und als man mich dazu bringen wollte umzulernen, war es zu spät. Es ist auch heute zu spät, auch wenn der Psychologe meint, ich könne an meiner Art zu leben noch was ändern.

Er hat ja die Lösung für mein Problem, nee, es ist ja gar keine Lösung. Es ist eine Erklärung. Und zwar ist er der Meinung, ich sei krank geworden, weil ich in meinem Leben anderen Leuten Leid zugefügt hätte. Das sei jetzt die Strafe für mein Verhalten. Demzufolge müsste ich ganz schön viel verbrochen haben, um so bestraft zu werden! Ich krieg's nicht zusammen, was meine Vergehen waren. Schon das ist ein Grund, da nicht mehr hinzugehen, abgesehen von den oben genannten Gründen.

Was ich mir vorstellen kann, wäre, dass mein Körper einfach sagt: „Jetzt ist Schluss! Entweder du hörst auf zu powern bis zum Umfallen oder ich muss dich ruhigstellen!"

Ich habe in ein paar Wochen einen Termin bei einem anderen Neurologen. Ich werde ihn mit dieser Theorie konfrontieren in der Hoffnung eine Erklärung zu bekommen. Ich setzte mal wieder große Hoffnung auf einen mir noch unbekannten Arzt. Bisher waren das fast immer vergebliche Hoffnungen, aber man muss auch mal Glück haben.

Die Hoffnung stirbt bekanntlich zuletzt

Gern würde ich eine Fortsetzung meiner Geschichte schreiben. Den Titel dafür wüsste ich schon in etwa. Es würde irgendwas mit „Wiedergeboren" werden.

Mein Leben endet irgendwann und die längste Zeit meines Daseins auf Erden ist vorbei. Die Forschung muss langsam Fahrt aufnehmen, damit ich mein Vorhaben noch umsetzen kann.

Ganz sicher würden sich Menschen finden, die versuchen würden, Licht ins Dunkel zu bringen, wenn, ja wenn endlich die nötigen Mittel dazu zur Verfügung gestellt werden würden.

Ich kann mir nicht vorstellen, dass die Krankheit und die damit verbundenen Leidensgeschichten nicht in den dafür zuständigen Abteilungen bekannt sind. Noch weniger kann ich mir vorstellen, dass es den Verantwortlichen egal ist, dass 240.000 oder mehr Menschen durchs soziale Netz fallen und einfach im Dunkeln verschwinden. Es ist eine Schande, dass seit mehr als 50 Jahren nichts in dieser Hinsicht unternommen wird.

Ich wünsche allen, die das lesen, dass sie nicht an CFS erkranken werden und denen, die es leider schon sind, alles erdenklich Gute.

Gebt die Hoffnung nicht auf!!

P.S Ich muss mich hinlegen. Ich bin müde.

Mein erstes Auto war ein Pony

Als ich meinen Trabi abgab, musste ich weinen. Und dabei war ich sicher eine der letzten, die sich ein Westauto kauften. Die Wende war schon einige Jahre vollzogen, als ich meinen Trabi, der mich nie verlassen hatte, verkaufte. Man war uncool, weil man immer noch Trabi fuhr. Irgendwie reizte es mich auch, ein richtiges Auto zu haben. Also nahm ich mein Erspartes und machte mich auf die Suche nach einem bezahlbaren Fahrzeug. Fündig wurde ich in einem Hyundai-Autohaus und das Geld, das ich in der Tasche hatte, reichte für einen Hyundai Pony. Er war rot, größer als der Trabi, auch bequemer, sehr unbekannt in der Handhabung, aber er wurde meiner. Zugegeben er war kein Rolls Royce aber mein ganzer Stolz. Das Geld, eigenhändig verdient auf dem DDR-Acker, dachte ich, war gut angelegt.

Es war schon Herbst als ich ihn kaufte. Damit fuhr ich nun täglich zur Arbeit und nahm auch täglich meine Kollegin mit. Auf der Arbeit fragte mich mein Chef, ob es zum Pferd nicht gereicht hätte. „Nee, hat es nicht“, antwortete ich lachend.

Egal, ich fing an, mein Pony zu lieben. Das änderte sich nach ca. drei Wochen. Der Winter war eingezogen und die Straßen wurden glatt. Ich bin an und für sich ein vorsichtiger Fahrer und halte mich an die vorgeschriebenen Verkehrsregeln. Deshalb konnte ich mir auch nicht erklären, warum mein Auto mir so einen Streich spielte. Ich fuhr maximal 30km/h durch die Ortschaft, in der meine Kollegin wohnte. Sie war gerade eingestiegen, als das Auto plötzlich ausbrach, wie ein Pony halt. Das Auto war nicht mehr zu lenken. Wir fuhren genau auf den Abhang zu und überschlugen uns mehrmals, bis wir auf dem Dach landeten. Ich weiß nicht mehr, ob wir geschrien haben. Ich weiß nur, dass ich dachte, das ist unser Ende. Gelandet sind wir dann schließlich auf dem Dach. Völlig orientierungslos rotierten mein Kopf und meine Hände hin und her. Die meiste Angst hatte ich um meine Kollegin. Die aber meinte, sie sei ok und nichts tue ihr weh. Ich war erst mal froh. Die Suche nach dem Öffner des Sicherheitsgurtes ging weiter. Es ist unvorstellbar, wie hilflos man ist, wenn alles auf dem Kopf steht. Inzwischen hatten sich schon diverse Helfer um mein Auto versammelt, um uns rauszuholen. Mir wurde langsam angst und bange, weil irgendwelche braune Brühe durch das Auto lief. Das musste Benzin sein, schoss es mir durch den Kopf. Bloß raus hier! Den Gurtöffner hatten wir inzwischen gefunden und uns abgeschnallt. Die Türen des Autos waren verzogen, sie ließen sich nicht öffnen. Die Fensterscheiben waren zerbrochen. Zwei Helfer konnten uns somit durch die Fensterluken befreien. Am Straßenrand hatten mittlerweile unzählige Autos angehalten, alle bereit zu helfen. Die schlechte Meinung, dass keiner anhalten würde, wenn es kracht, kann ich nicht bestätigen.

Bei meiner Kollegin war nur das Leder der Schuhe abgeschrammt. Sie war Gott sei Dank nicht verletzt. Undenkbar, wenn ihr etwas passiert wäre. Ich hatte erst mal überhaupt kein Gefühl im Körper, vielleicht ein Schock. Der Mann, der hinter mir gefahren war, meinte später: „So schnell sind Sie doch gar nicht gefahren.“ Ja, meine Rede. Ich konnte mir nicht erklären, warum die Lenkung versagt hatte. Eine Erklärung für die braune Brühe hatte ich mittlerweile. Bier, es war Bier. Ich hatte am Morgen eine Kiste davon gekauft und sie im Kofferraum verstaut. Durch den Sturz kullerten die kaputten und die heil gebliebenen Flaschen durch das Auto.

Polizei und Krankenwagen waren schnell da. Denen erzählte ich die gleiche Geschichte. Da es mir gut ging, bat ich sie, mich zur Arbeit zu bringen. Natürlich ließ sich der Arzt darauf nicht ein. Stattdessen fuhren sie mich ins Krankenhaus. Mein Pony wurde vom Abschleppwagen abgeholt und in die Werkstatt gebracht.

Der erste Satz des Arztes im Krankenhaus war: „Haben Sie was getrunken?“ Zur Erinnerung, es war gerade 9.00 Uhr morgens. „Das ist nicht meine Zeit, Herr Doktor. Es muss wohl das Bier sein, dass durch‘s Auto und sicher auch über mich hinweglief.“

Das Ende der Untersuchung war das Anlegen einer Halskrause. Dann folgte die Fahrt nach Hause mit dem RTW.

Meine Schwiegereltern und Schwiegergroßeltern, wie immer am Fenster klebend, fielen aus allen Wolken. Ich erzählte ihnen die Geschichte und dann war ich sie los. Ich rief auf Arbeit an und erfuhr, meine Kollegin war wohlbehalten und ohne Blessuren dort angekommen und schon bei der Arbeit Nun kam das schlimmste, meinen Mann anzurufen. Auf Grund der Ereignisse konnte ich mir vorstellen, was er mir antworten würde.

„Was ist“, kam‘s durchs Telefon

„Ich hatte einen Unfall und bin im Graben gelandet.“

„Und was ist mit dem Auto?“

Genau diese Reaktion hatte ich erwartet, mit fast dem gleichen Wortlaut. „Schrott ist es, nehme ich an.“ Ich war wütend, so ein Ochse! Er kam früher von Arbeit und wir fuhren dorthin, wo die Reste des Autos standen. Mein Mann versuchte eine Erklärung zu finden, warum ich das Auto nicht mehr steuern konnte. Gut, es war Glatteis und trotzdem hätte es noch reagieren müssen. Er wurde schnell fündig. Der rechte vordere Reifen war geplatzt. Das muss der Grund gewesen sein. Super, die Werkstatt hatte uns die Reifen erst beim Kauf aufgezogen. Das böse Erwachen kam erst, als die Versicherung meldete. „Wir zahlen Ihnen 300.- DM für die kaputten Scheiben." (Das sind meine Worte). Ich war entsetzt. 11.000 DM waren weg und das Auto noch dazu. Was für ein Drama, ich hatte nur ne Teilkaskoversicherung abgeschlossen. Zu den 300 DM für Glasbruch kamen noch 200 DM für das Schrottauto, das nach Polen ging.

Hätte ich bloß auf meinen Trabi gehört.

Wir haben Verständnis für den Verstand der Männer

Das ist auch so eine Errungenschaft der Wende, ein Westwagen. Nein, das ist *die* Errungenschaft würden jetzt 95% der Männer schreien. Es sei ihnen verziehen, es sind halt Männer.

Die Autohändler aus dem Westen brachten ihre Schrottkarren in den Osten und unsere Männer sagten auch noch danke, denn sie sahen den Traum ihres Lebens erfüllt. Der Traum des Lebens der Händler erfüllte sich wohl eher, sofern es sich um das große Geld handelte.

Männer sind leicht zu blenden, wenn der Verstand aussetzt. Dieser setzt bei drei Dingen aus, Fußball, Frauen und Autos. Zur Wende lagen die Autos ganz vorn, da war der Verstand schon zu 70% weg. Für Tage und Wochen gab es für sie sowieso kein anderes Thema. Der Verstand kam erst wieder, als ihnen jemand sagte, welchen Schund sie gekauft hatten. Egal, die Euphorie war verflogen und sie kamen angekrochen zu ihren Frauen, um sich Mitleid abzuholen. Manchmal klappte es, aber die Kohle war halt weg. Nachdem ein bisschen Verstand wiedergekehrt war, lagerten sie ihn nicht ein, nein, der wurde in der Bundesliga verballert. Wieso tragen die Männer ihr Geld dorthin, wo schon Millionen sind? Nur um sich rote, gelbe und grüne hässliche Klamotten zu kaufen und einen Schal selbst bei größter Hitze umzubammeln? Dann rennen sie verkleidet ins Stadion und brüllen dem Ball hinterher. Und erst recht rausgeschmissen ist das Geld, wenn das Dreamteam verliert, und man völlig verärgert nach Hause kommt und die schlechte Laune dann auch noch an der Familie auslässt. Wo ist da die Logik? Schmeißt doch das Geld ins Klo und freut euch, wenn es sich rechts oder linksdrehend durch den Abfluss verabschiedet!

Wenn sie dann immer noch ein bisschen Verstand haben, sich's aber durch ihr Auftreten nach dem verlorenen Fußballspiel bei ihren Frauen verscherzt haben, suchen sie sich jemanden, der Mitleid spendet. Das sind meist andere Frauen, die diese armen Herren schon längst durchschaut haben. Sie spenden zwar, aber die Spende ist oft sehr teuer und wieder ist die Kohle weg.

Wohlgemerkt, es gibt auch andere Männer. Ca. 1% des starken Geschlechtes ist anders. Die verlieren den Verstand gleich bei anderen Frauen, ohne Umweg über Fußball und Autos. Dann ist er aber komplett weg! Das betrifft meist nicht nur den Mann. Dabei bleiben viel mehr auf der Strecke, und das ist dann nicht mehr witzig.

Die Herren, die am Auto hängengeblieben waren, konnten jetzt den Nachbarn neidisch machen. Man traf sich auf ner Parkbank, und haute sich die Taschen voll über Kubik und PS, über Hubraum und Kraftstoffverbrauch. Stundenlang harrten sie aus, bis sie alle relevanten Teile ihres Autos verglichen hatten. Natürlich wollte jeder den besten Wagen haben und manchmal konnte man die grüngesichtigen Männer sehen, wenn sie zähneknirschend nach Hause gingen. Das Grün war das Grün vor Neid.

Da bleibe ich doch bei meinem Trabi auch nach der Wende und bei meinem Mann auch nach der Wende und lebe ohne Fußball auch nach der Wende trotz Bayern München und Borussia Dortmund.

Wir Frauen sind halt anders!